D0700942

Embrasser Yasser Arafat

Marchand de feuilles
C.P. 4, Succursale Place d'Armes
Montréal (Québec)
H2Y 3E9
Canada

www.marchanddefeuilles.com
Mise en pages : Roger Des Roches
Image de la page couverture : Bo Insogna
Graphisme de la page couverture : Sarah Scott
Révision : Annie Pronovost

Diffusion : Hachette Canada

Les Éditions Marchand de feuilles remercient le Conseil des Arts
du Canada ainsi que la Sodec pour leur soutien financier.

Conseil des Arts   Canada Council
du Canada   for the Arts

Société
de développement
des entreprises
culturelles
Québec 🟦🟦

**Catalogage avant publication de Bibliothèque et Archives natio-
nales du Québec et Bibliothèque et Archives Canada**

Barbeau-Lavalette, Anaïs, 1979-

    Embrasser Yasser Arafat

    ISBN 978-2-922944-75-4

    1. Barbeau-Lavalette, Anaïs, 1979-   - Voyages - Palestine.
2. Palestine - Descriptions et voyages. 3. Arafat, Yasser, 1929-
2004. I. Titre.

DS107.5.B37 2011   915.695'30444   C2011-940172-X

Dépôt légal : 2011
Bibliothèque nationale du Québec
Bibliothèque nationale du Canada
© Marchand de feuilles, 2011
Tous droits réservés pour tous pays

Anaïs Barbeau-Lavalette

Embrasser
Yasser Arafat

Chroniques palestiniennes

ÉDITIONS
MARCHAND
DE FEUILLES

Ram : *désert.* Allah : *Dieu.*

Je suis à Ramallah. Dans le désert de Dieu.
Je ne sais pas trop où est Dieu en ce moment,
mais le désert, lui, est bien là. Il fait chaud et
sec. Dans les rues, on cherche l'ombre. Les
fruits sont mûrs et les familles boivent le thé
en dégustant figues, pommes grenades, pêches
et raisins tout juste cueillis.

J'ai vingt-deux ans quand je pose les pieds
en Terre sainte pour la première fois. Je vais y
tourner un documentaire. À partir de ce jour,
ce pays cassé allait m'habiter. Sans que je
comprenne exactement pourquoi. Rapidement
j'ai senti le besoin d'y retourner. Pour filmer,
puis plus tard pour étudier, puis pour y écrire.
Et plus j'y allais, moins je comprenais. À l'aube

d'un prochain séjour, où je tournerai Inch'Allah, *un long métrage inspiré de tous les séjours précédents, j'ai eu envie d'errer dans mes vieux carnets de routard. Ces chroniques sont les vestiges hétéroclites de ces voyages qui m'ont façonnée. Je ne serais pas la même sans ce que j'ai trouvé là-bas. Que j'espère racon-ter ici. Dans le désordre et l'imperfection. Dans le vif des rencontres, et, autant que pos-sible, en dehors du politique. Des bribes de voyages, formant une mosaïque de la Palestine que j'ai rencontrée. Impressions en morceaux décousus, comme ce pays.*

Pourquoi je ne mange plus de mouton

Un homme est mort.
Tué par les soldats, puis porté à bout de bras à travers les rues de Ramallah. Dans le centre-ville animé, les vendeurs de thé déambulent entre les voitures rouillées et les taxis jaunes. Les étudiants rentrent de l'école, tous identiques dans leur uniforme bleu et blanc. Ils pressent le pas pour ne pas manquer le dessin animé de fin de journée. Ils feront quelques mètres avec la procession, un ou deux coins de rues où ils joindront leurs voix d'enfants aux coups secs des mitraillettes. En tête de file, appelant à la révolte dans l'air chaud, des hommes cagoulés crient à l'injustice. Ils portent un corps inerte

sur un brancard de bois. Derrière eux des femmes pleurent. Au détour d'une rue, le cimetière se remplit. Et sous les drapeaux, devant le corps découvert et abîmé, on appelle Allah à l'aide, longtemps.

Puis la procession s'épuise, les gens retournent lentement chez eux, se dispersent dans le cœur vibrant de Ramallah, attrapent un *shish kebab* ou une crème glacée et rentrent se coucher dans le camp de réfugiés, en bordure de la ville.

Une jeep de l'armée israélienne passe devant le camp. Comme d'habitude, suivant les règles d'un jeu plus vieux qu'eux, les enfants courent vers la rue, une pierre à la main. Les petits projectiles s'abattent sur la carcasse métallique de la jeep, qui continue son chemin. Un des enfants, plus téméraire ou plus étourdi, s'approche trop du véhicule, pour bien le viser. La tête haute, il projette sa pierre de toutes ses forces. L'écho de l'impact résonne sur la foule. Comme un mince temps d'arrêt avant le chaos. La suite déboule. La jeep roule sur l'enfant. Une fois, puis deux. La pierre vole rouge jusque dans le caniveau.

Suivent les cris et le sang. La jeep est déjà loin. Le corps de Youssef repose sans vie au milieu de la rue.

J'ai du sang sous mes souliers. Ça laisse des traces par terre.

Tout le monde se connaît au camp de réfugiés d'Al-Amari. Tout le monde connaissait Youssef. Il est encore étendu dans la rue et du haut de la mosquée est crié son nom, rageusement.

Puis le cirque commence. Nous étions sur place au moment de l'impact. Nous filmions la fin de la procession, le retour au calme. Et l'accident. Ainsi nous tenions, à notre grand désarroi, un *scoop.*

Les Palestiniens veulent que le monde sache. Pour une fois. Ils veulent qu'on lui raconte, qu'on lui montre nos images. Soit. C'est tout ce qu'on peut faire, alors faisons-le. Il faut se rendre jusqu'à Jérusalem.

Sueurs froides au *checkpoint,* la cassette cachée dans une chaussette. Longue attente avec les femmes et les enfants sous les barbelés. On traverse enfin de l'autre côté, vers Israël, vers «la civilisation».

Déboussolés, on finit par débarquer chez Reuters, où des gens importants analysent au ralenti les images du garçon sous la jeep.

Au ralenti.

Sous les néons de la presse, la jeep passe sur le corps de l'enfant pour la deux centième fois et je suis épuisée.

Dans le bureau d'une grande agence, les *scoops* se bousculent et le nôtre se fatigue. Il devient bientôt trop vieux pour la nouvelle. Sur son cellulaire l'homme qui nous reçoit lit un texto: deux fillettes fusillées à Gaza. Balles perdues. Excité il veut rédiger son papier avant qu'il ne soit déclassé. Nous sommes périmés. Désolé pour les parents de Youssef. Il aurait fallu venir plus vite…

Retour nocturne le long du Mur. Le chauffeur palestinien qui nous conduit jusqu'au *checkpoint* laisse traîner son regard dehors, comme s'il ramassait des yeux son pays.

De longues plaques de béton sont hissées au ciel, le Mur en construction sépare une rue en deux, sur la longueur. Les deux voisins d'en face n'habitent plus dans le même pays. Le Mur zigzague de Jérusalem à Ramallah, fera bientôt le tour de la Cisjordanie. Des Palestiniens en mal de travail le construisent de nuit.

Ils ont finalement montré nos images sur Al Jazeera. Le canal du monde arabe. De ceux qui, de toute façon, savaient déjà. Les parents de Youssef sont tout de même contents. Au moins, une partie du monde se rappellera.

Ce matin, le camp est mobilisé. Il y a des photos de l'enfant sur les murs, partout son regard fixe le passage de ceux qui restent.

Le camp est blessé, au complet. Pas pour la première fois, mais encore une fois.

Pendant trois jours ses habitants se rassemblent dans une grande pièce. Autour des visages aînés ravinés de douleur, les enfants courent, crient et rient. On fait griller trois énormes moutons, qu'on mange en deuil mais ensemble.

Superman

C'est le matin. Aux nouvelles, il y a des morts. Ici et ailleurs. Des femmes qui pleurent en regardant le ciel. Toujours les mêmes, on dirait.

Je descends les escaliers et, en bas, dans la rue, il y a Superman.

Il doit avoir cinq ans, six peut-être, pas plus.

On se regarde, Superman et moi.

L'air de dire «c'est la guerre», «ouais, c'est la guerre».

Et je continue ma route. Lui reste là. Peut-être qu'il me regarde partir ou peut-être pas.

C'est comme ça tous les jours.

Downtown Ramallah

Avec ses restaurants, ses adolescents en jeans façon années 80, ses moustachus qui sirotent le café et regardent passer les filles, belles, avec des cheveux qui s'envolent et des lèvres maquillées.

Le centre-ville de Ramallah. Oxygène. Avec ses chats qui grappillent dans les poubelles, ses arômes de viande grillée et de pisse séchée, ses klaxons stridents et ses publicités de shampoing. La vie.

Résistances

Deux autobus ont explosé à Tel-Aviv. Ça faisait longtemps qu'il n'y avait pas eu de bombes, six mois, presque un record. Ici, étrange mélange de tristesse et de joie.

Tout me semble fragile. Tout semble prêt à se briser, d'un coup, vite fait. Tout résiste du bout du poing, encore une fois, une dernière fois.

L'immeuble à côté de chez nous a été détruit par les tanks. À chaque fois, le marteau reprend le dessus. Du matin au soir, tac, tac, tac, en métronome obstiné, qui continue à dire que demain lui appartient.

L'espoir insatiable. Plus fort que tout.

La nuit dernière, il y a eu des feux d'artifice. La police était sur les lieux quelques minutes plus tard, croyant (comme moi) entendre des explosions.

C'est une fête qu'ils ont trouvée au bout de leur panique. Quoi, on n'a plus le droit de se marier en pleine nuit à Ramallah, maintenant?

Mon voisin

Nous traversons le terrain vague entourant les restes de la *Mouqata'a*, le parlement en ruine où vit le président, confiné dans ses quartiers dévastés. Nous contournons les carcasses de voitures, rouillées par le temps. À l'entrée, on fouille nos sacs. Nous venons en amis. Nous apportons des baklavas au Chef. On nous indique finalement une pièce, au fond d'un couloir. Il est là. Arafat.

Il nous accueille dans son bureau.

Il est assis au bout d'une table très longue. Il n'en occupe qu'un tout petit carré recouvert de tonnes de papiers et de dossiers.

Il se lève pour nous saluer. Une partie du vingtième siècle me tend la main. Je la prends

dans la mienne, fébrile. Il tremble. Difficile
d'imaginer le guerrier à travers cette poignée
de main là. Puis il se rapproche de moi et,
sentant peut-être que sa main ne suffit plus,
Yasser me serre dans ses bras, me colle le
visage dans son long keffieh damé qui a traversé l'histoire. Je reste là un moment. On
dirait qu'il m'aime. Il me relâche lentement.
Il est content de la visite. Ses yeux brillent.

Il se rassoit, attrape une assiette où est
disposé un assortiment gourmand de biscuits
au chocolat qu'il tend vers nous. Ses vieilles

mains tachées s'y agrippent et essaient tant bien que mal de ne pas la faire tomber.

Yasser nous regarde manger ses biscuits. Puis, d'une petite voix, il me dit que la Terre sainte est à tout le monde. Qu'elle est sacrée pour lui, pour les Palestiniens, pour moi. Pour tout le monde.

Je lui parle un peu. On prend quelques photos.

Lui ne dit plus rien. Il sourit. Il regarde. Il attend de mourir.

Et avant de partir, Yasser Arafat m'embrasse. Sur la bouche. Avec ses grandes lèvres. On m'avait avertie qu'il aimait les femmes. Mais, étourdie par la rencontre, je ne me suis pas méfiée.

Nous sommes partis et il est resté là, sous les ruines de la *Mouqata'a*. Enfermé derrière les murs. Un Palestinien presque comme les autres.

Trois mois plus tard

Quelques mois après l'avoir rencontré, j'ai retrouvé le visage de Yasser sur le journal du matin, dans ma cuisine tranquille. Il était mort ou pas encore, on ne savait pas trop. Il avait, pour la peine, eu droit à un petit voyage en France.

Aujourd'hui, je laisse de côté l'homme politique contesté et je me rappelle celui qui aurait pu être mon grand-père. Ce petit homme, avec ses biscuits au chocolat et ses mains qui tremblent.

Cet homme très vieux qui aura marqué l'histoire et qui ne demande qu'une dernière chose: être enterré dans la terre de Jérusalem, pour laquelle il s'est battu. Il sera enterré à Ramallah, parce que Jérusalem, il ne l'a pas gagnée. C'est comme ça. Il faut mériter son cimetière. Et celui dont il rêve porte un autre drapeau que le sien. Qu'Allah ait son âme (même s'il ne sait pas où la mettre).

Moi, le Yasser Arafat que j'ai rencontré, cet homme simple en fin de vie, je l'enterrerais dans un coin de mon jardin. Il serait bien, là. On lui foutrait la paix. Et il ferait pousser les fleurs.

Luna

On sort un peu de la ville. La jeune fille qui m'accompagne parle bien le français, avec un accent charmant. Elle est en quatrième année de français à l'université de Naplouse. C'est la première fois qu'elle fera ce genre de traduction. Je vais rencontrer la maman d'une *shahida* (martyre). Une bombe humaine.

Luna s'est fait exploser en 2002, à un *checkpoint*. Elle avait vingt-deux ans. Sa mère nous accueille dans sa grande maison, au sommet d'une montagne. Vue sur Naplouse dans toute sa grandeur. Les maisons grises encastrées les unes dans les autres, comme si elles se collaient pour être plus fortes. Les pointes des mosquées coiffées de leur néon vert s'étirent vers l'azur. Au-dessus d'elles, cent cerfs-volants se dispersent, marquant le point culminant du jour. À Naplouse, on est libres à la verticale. Vers le ciel.

Il fait frais dans la maison. On est bien. La dame s'assoit, les mains sur les genoux. Elle a mis une grande robe, porte un hijab de velours. À son cou, un pendentif en or, à l'effigie de sa fille.

Les murs du salon sont sobrement décorés. Deux portraits au fusain. Je reconnais sa fille. L'autre portrait représente un homme, jeune. «Mon neveu. *Shahid* aussi.» Bombe humaine, avant sa fille.

Luna était la quatrième d'une famille de neuf enfants. Elle étudiait en littérature anglaise à l'université. Très engagée, elle participait aux manifestations, visitait les mères endeuillées et venait en aide aux blessés lors des incursions. «Tous les jeunes sont engagés... mais elle, elle l'était plus que les autres…» C'est difficile pour elle de raconter.

Après l'attaque suicide de son cousin, l'engagement de Luna redouble. Sa mère s'inquiète. C'est trop. Luna lui dit de ne pas s'en faire… mais que tout de même, chaque famille palestinienne doit payer. «Tu as neuf enfants. Tu pourrais en donner un pour la résistance.»

Quand un jour Luna sort emprunter un livre de classe à une amie et ne revient pas, sa mère s'attend au pire. On la cherche. Elle ne rentre pas. La maman reste postée devant la télévision. Elle devine que c'est par là qu'elle saura. À l'heure des nouvelles, on annonce en manchettes une attaque suicide au *checkpoint* d'Amara. C'est Luna. Les Israéliens comptent trois morts. «Mais ils en comptent toujours moins qu'en réalité», note la maman, qui retient mal ses larmes. Elle tient à préciser que des témoins ont souligné l'ampleur des dégâts. «Sûrement plus que trois morts», me dit-elle, un soupçon de fierté, peut-être, caché derrière la douleur.

La famille est dévastée. L'armée détruit la maison, en représailles.

Au milieu de son nouveau salon, la dame marque un temps. Les murs blancs autour sont trop propres, encore pratiquement vides. Comme si elle n'osait pas habiter réellement sa nouvelle maison. L'habiter comme une vivante. L'espace reste marqué par l'absence.

Elle se lève difficilement, va à la cuisine, apporte des cafés. Puis sort de nouveau. Je l'entends fouiller, elle se parle à elle-même, puis revient les bras chargés. Elle pose une grosse boîte sur la table et en sort une pile de diplômes. Ceux de Luna. Diplôme du secondaire, puis un autre de l'université, obtenu *post mortem*. Au stylo, il y est précisé : *À la Shahida, Luna*. La mère de Luna cherche un papier, qu'elle trouve. Elle l'extirpe délicatement du lot, passe sa main ridée dessus, nous le présente : un diplôme du Hamas, orné de fioritures or. Elle pointe de son index courbé le prénom de sa fille. *À Luna.* Pour la remercier de sa participation à la résistance.

La maman fatiguée se lève lourdement, prend soin de défroisser sa longue jupe avant de sortir à nouveau de la pièce pour aller chercher un cadre, énorme. Un montage, fait par le père de Luna, aujourd'hui décédé. Maladroitement découpé, l'intérieur de la mosquée d'Al-Aqsa sert de vaste toile de fond aux fins visages de trois jeunes filles, collés par-dessus. Luna, Mariam et Fatma. Les deux autres filles viennent de Bethléem. Bombes humaines elles aussi. «Elle, indique la maman de son gros doigt, elle était avocate.» Ils ont tiré sur son frère devant elle. Elle avait fait son cours de premiers soins. Elle aurait pu le sauver. Mais ils ne l'ont pas laissée intervenir. Un mois après, elle s'est fait exploser dans un restaurant de Tel-Aviv : 26 morts.

«Pour la religion ou la politique?»
je demande. «Ni l'un ni l'autre, me répond-
elle. Pour la vie, *yanni,* pour la vie.»

Le salon est immense. Trois jeunes filles
éduquées ont leur visage imprimé sur papier
glacé.

«Le café est trop sucré? me demande la
dame, la voix enrouée.

– Non, madame. Il est parfait, votre café.
Shoukran. Merci beaucoup.»

La démocratie

À la télé, le *Star Académie* panarabe vient juste de se terminer. C'était la finale. Un Palestinien contre un Lybien. C'est le Lybien qui a gagné. Ici, on n'était pas contents.

On m'a expliqué que le *Star Académie* panarabe a été produit pour apprendre la démocratie au peuple.

Pour comprendre le droit de vote.

Ah bon. (Que voulez-vous répondre d'autre à ça?)

Le chat écrasé

C'est difficile de décrire un *checkpoint*. D'abord, il y en a plusieurs et aucun ne ressemble aux autres.

Certains sont très gros, comme celui de Qalandia, entre Jérusalem et Ramallah. On dirait un quartier, tellement sa présence crée une vie parallèle, un lieu où le temps s'arrête et où soudain le chaos total s'installe.

À droite, le Mur, qu'on peut voir se dresser très loin sur les montagnes. Son ombre s'étend sur la file en attente, patiente. À l'état d'ébauches, posés sur lui pour passer le temps, quelques graffitis inoffensifs. Des dates, 1948, 1967. Pour qu'on ne les oublie pas ou pour s'en débarrasser. Des *Huriyyat Falestina, Free Palestine*. Et un dessin plus grand, en couleur celui-là, d'un ciel bleu en trompe-l'œil. Comme s'il y avait un trou dans le mur, comme si on pouvait voir de l'autre côté.

Surplombant l'activité, contrôlant ce qui pourrait dépasser, une tour de surveillance sous treillis, dans laquelle on peut voir deux ou trois soldats. Parce que malgré cette totale anarchie, tous, d'un côté comme de l'autre, savent que si un morceau du chaos dépasse un peu trop, on tire.

À gauche, toute la vie des petits commerçants qui viennent vendre poules, livres, crème glacée et maillots de bain à la frontière. Ils savent que beaucoup de gens y circulent et que souvent ils doivent attendre un bon moment avant de pouvoir traverser. C'est bon pour le commerce. Il y a dans la vente d'un bikini au *checkpoint* quelque chose de surréaliste. Devant les tourniquets métalliques, carte d'identité en main, on prend pourtant le temps de zyeuter le deux-pièces de dentelle et le chapeau qui irait avec si on avait encore la mer, si elle n'était pas passée de l'autre côté des frontières. Quelques pas plus loin, le vendeur de tourterelles passe sa main dans la cage de ses oiseaux pour leur délier les ailes. Le parallèle est trop fort pour qu'il ne l'ait pas choisi. Derrière sa moustache épaisse, le petit homme laisse patienter les siens en file pendant que lui choisit de vendre des oiseaux sous les yeux des soldats. Qui, eux non plus, n'ont pas choisi d'être là.

Et ça gueule « Achetez ! » par-ci, « Achetez ! » par-là, par-dessus la symphonie grandiose des klaxons de toutes sortes. Les voitures ne sont ni en ligne ni en cercle, mais entassées de façon disparate entre les taxis et les piétons. D'un côté, on crie « A Ramallah, a Ramallah », de l'autre « *Al Qods, Al Qods* » (Jérusalem en arabe). Entre les deux : les grilles. Un côté pour les hommes, l'autre pour les femmes. On fait la file, sous un toit de tôle sommaire. On passe un tourniquet semblable à ceux qu'on trouve dans les aéroports, puis un détecteur de métal. Là, on montre son passeport aux jeunes soldats avec leurs longs fusils. Des fusils qui paraissent encore plus longs dans les mains des jeunes filles, obligées, elles aussi, de faire leur service militaire.

Le soldat regarde, scrute visage puis passeport. Le rituel est parfois accompagné d'un signe sec indiquant de lever le chandail. Alors celui qui attend s'exécute, lève sa chemise pour présenter son ventre blanc. Le regard haut pour certains, au plancher pour d'autres. D'un côté comme de l'autre. Ça dépend des natures. Après avoir fait un tour complet sur lui-même, le corps en exposition, la chemise retombe, mais l'humiliation reste.

Voilà pour Qalandia.

Certains ont déjà rêvé en riant d'une collection haute couture pour Palestiniens. Un complet de luxe, veston et chemisier, taillés à la perfection, dont l'ourlet s'arrêterait juste au-dessus du nombril, laissant voir un ventre bien découpé sous un tissu raffiné.

Une tenue classe qui éviterait de se dénuder, et qui serait un gage de dignité. La ligne Chicpoint.

Certains ont déjà rêvé.

Il y a aussi, partout, de plus petits *checkpoints*. En revenant de Naplouse, je suis restée prise plusieurs heures à un de ceux-là. Assise dans le taxi, avec trois Palestiniens. On a discuté, rigolé, fumé. On a joué à des jeux, parlé politique. La nuit s'est levée, on avait faim, mais il fallait attendre qu'on nous laisse passer, comme toutes les autres voitures devant nous.

Ça socialisait d'une voiture à l'autre, s'échangeant des noix, des fruits et des cigarettes.

Quatre heures plus tard. Obéissant au signal du jeune soldat, enfin, je montre mon passeport.

Il s'éloigne, l'examine, appelle quelqu'un, son chef peut-être.

Il revient. Me regarde un temps. Il est tard, je suis fatiguée.

«Que penses-tu de la situation ici?»

Question piège. Je lui fais une réponse diplomatique:

«C'est compliqué… j'y comprends pas grand-chose…», suivi d'un haussement d'épaule nonchalant.

Il ne me croit pas, mais joue le jeu. Il me rend mon passeport en ne me lâchant pas du regard. Et me laisse passer, à contrecœur.

Par contre, Faysal, un de mes camarades d'attente, se fait renvoyer d'un geste las. *Game over,* retour à la case départ.

Faysal a le même âge que le soldat en face de lui, qui ne le regarde pas. Et, c'est cliché, mais c'est tellement vrai qu'il faut le dire encore: ces deux-là se ressemblent. L'un pourrait prendre la place de l'autre. Et on y croirait.

Faysal sort de la voiture calmement. Il me salue, et il rebrousse chemin dans la nuit.

Il reviendra demain. C'est comme ça.

Une fois le *checkpoint* traversé, on a repris de la vitesse. C'était la nuit, la lune brillait et une musique *dance* arabe jouait à la radio. Puis on a écrasé un chat. Des morceaux partout sur le pare-brise.

On a continué. Effectivement, rien n'était.

Faysal

Faysal a 26 ans. Il a les épaules larges et le regard porté vers l'ailleurs.

On partage un café sucré à la cardamome sous l'ombre d'un arbre. Autour, quelques tables vides. C'est l'automne. Il fait frais. La piscine désertée recueille les feuilles qui viennent s'y échouer.

Faysal est assis le dos droit, sur un petit banc de bois. Hier, on a fait la fête. Alors on parle peu. Pourtant, dans un élan fragile, presque pour lui-même, Faysal me raconte encore son pays.

Il dit qu'avant, c'était différent. Les Palestiniens étaient unis. C'est d'ailleurs pour ça qu'ils étaient connus, parce tous marchaient ensemble dans une même direction.

Ils ne pouvaient plus être ignorés du reste du monde. Maintenant, ils tournent en rond et en petits groupes isolés.

Faysal prend une gorgée de café. Son regard plonge dans le fond de la tasse et s'y perd un moment. Que je préserve. Quand il en émerge, Faysal se rappelle la première Intifada. Il n'y avait ni armes, ni argent. «Et on l'a gagnée, celle-là. On était fiers ensemble. On n'est plus fiers, et on est seuls.»

Ses yeux noirs se promènent maintenant sur la ligne d'horizon. Je les accompagne. Les montagnes désertiques, les petits carrés de maisons blanches empilés les uns sur les autres, les fins murets de pierres découpant les champs d'oliviers, les troupeaux de moutons déambulant sous les figuiers. Au-dessus, les colonies juives. Maisons de briques aux toits orangés, protégées par les barbelés. Elles me font penser aux villages Playmobil de mon enfance.

«Maintenant, on ne résiste plus. Ni en actes ni en paroles. On a une sorte de résistance passive. On boit, on fume, on fait la fête. On s'en fout. C'est comme ça qu'on résiste. »

On commande un autre café au jeune serveur qui s'éloigne, le pas paresseux.

On reste dans le silence confortable du moment. Le vent souffle et fait danser les feuilles sur la surface de la piscine. À la fin de la saison, elles dormiront en tapis au fond de l'eau chlorée.

« Avant, on avait la mer. »

Faysal est né à Jérusalem. Ce qui lui permet d'avoir un permis spécial : selon l'humeur des soldats, il est un des rares Palestiniens à pouvoir sortir de Ramallah. Aux yeux de plusieurs, il est chanceux.

« J'ai l'air plus libre parce que, si je veux, je peux aller me baigner à la plage de Tel-Aviv. Au milieu des Autres. J'y vais, mais mon âme, elle, ne suit pas. Elle reste là. Même si je voulais la traîner de force, je ne pourrais pas. Mon âme ne traverse pas le *checkpoint*. Même si je pouvais déménager loin, dans ton pays, j'irais seul, vide, je mourrais par en dedans, parce que mon âme est palestinienne et attachée à ma terre.»

Le regard noir de Faysal est maintenant planté dans le mien. Le vent souffle jusqu'au fond de lui. Pour un moment, il a la mer dans les yeux.

Le chemin du matin

Je passe toujours par le même chemin, le matin. Je croise Superman en sortant. Plus loin, il y a la *Mouqata'a,* là où Yasser vivait, là où il est aujourd'hui enterré. Il a hérité d'un tombeau très chic, tout en marbre dans une salle de verre avec des fleurs et des soldats pour le protéger, même mort.

Je les effleure du regard et ne leur souris pas. J'ai appris ça : il ne faut pas sourire aux hommes. Ni aux soldats ni aux autres.

Il faut aussi se préparer avant d'aller dehors. Marcher la tête haute, ignorer klaxons, sifflements, invitations. Avoir le regard opaque. C'est ce que je trouve le plus difficile. Éteindre le regard, le placer sous voûte, ne l'offrir qu'à ceux qui le connaissent déjà. C'est que les codes sont différents et que le regard offert d'une femme est ici la plus grande des invitations. Il faut choisir qui on invite et je ne trouve pas ça toujours facile, surtout dans un pays où je suis moi-même une invitée. Naturellement, mon regard salue, témoignant de la gratitude d'être accueillie. Mais non. Il ne faut pas. Les matins où je me sens plus vulnérable, je mets mes lunettes fumées. Ainsi protégée, je marche dans un pays en guerre comme une indestructible, alors que je n'ai jamais été aussi fragile.

Oui. Il faut se croire très fort ici pour survivre. Superman, en bas, a déjà compris ça.

J'ai mon chemin quotidien. Je longe d'abord les murs de la *Mouqata'a,* où se déroulent parfois des entraînements militaires. Je ne vois pas tout, mais j'entends. Un chœur arabe sévère et des bruits de bottes.

Ce jour-là, dans l'écho des pas des soldats, un vieux berger accompagne ses chèvres. Il avance, au pied d'un grand immeuble criblé de balles et de missiles.

Les pattes dans les ruines, les chèvres y cherchent le gazon qui réussit encore à pousser. Et le vieux les regarde. Il en a vu partir, des morceaux de son pays.

Ce matin-là, il fait brouter ses chèvres dans un champ de ruines. Il y a bien, autour, d'autres endroits plus verts. Mais il est là avec ses bêtes, et je crois qu'il a choisi cet endroit.

Cet immeuble mort fait partie de son pays comme le chœur militaire, comme le bruit des bottes et comme lui, si vieux et toujours là au milieu de tout ça.

J'ai continué ma route jusqu'au centre de Ramallah, où attendent les taxis pour l'université.

L'université de Birzeit

L'idée d'une université en territoires occupés semble étrange, quand on est loin. En évoquant la Palestine, on ne pense pas aux jolies étudiantes coiffées de leur hijab, leurs livres sous le bras, le cellulaire à l'oreille, fumant une cigarette entre deux cours. Ni aux étudiants qui les mangent des yeux, dévorant avec gourmandise le visage offert et rêvant aux cheveux doux préservés pour l'intimité. Entre deux cours, les rires fusent sur le campus de Birzeit. On aime apprendre : c'est comme aller loin sans bouger. Alors, c'est le pas léger que les jeunes se rendent à l'université. Même quand un *checkpoint* en bloque l'accès : l'examen est reporté, au grand plaisir de ceux qui ne sont pas prêts.

Dans mon cours de politique, j'ai appris que l'université a été construite en 1924. Au début des grands mouvements de colonisation. On pouvait lire dans les documents sionistes de l'époque que la Palestine deviendrait la terre d'accueil du peuple juif. Jamais, semble-t-il, on n'y mentionnait l'existence du peuple palestinien. Les Palestiniens n'existaient pas. Ignorer leur existence était pourtant impossible. Il était cependant possible de ne pas la reconnaître et c'est ce qui s'est passé. Jusqu'à ce que les Palestiniens réagissent assez fort pour qu'on ne puisse plus les ignorer. Ce premier cri date de 1929. Depuis, ils ne cessent de crier qu'ils existent.

À l'heure de la pause, mon professeur efface les traces de son cours au tableau et sort fumer la pipe en espérant qu'il n'y aura pas trop d'attente au *checkpoint*. Il ne veut pas manquer les actualités à la télé.

Mohammed

J e suis invitée à passer l'après-midi chez la famille Sabbah. Le cadet de la maison est un *shahid* «*wannabe*»... si je peux dire ça comme ça. Il a voulu devenir bombe humaine, a tout planifié pour réaliser son projet, mais s'est fait arrêter en chemin.

Dans le salon moderne, décoré de dentelle et de porcelaine, on nous sert un grand verre de coke. Pas de thé, ni de café. Du coke.

La mère devant moi tire sur le narguilé, prête à réentendre l'histoire de son fils.

Elle a l'œil rieur, heureuse d'avoir de la visite de «l'Amérique».

«*Amerkiyéé*?

– Non, *Quebequiyyé*!»

Mohammed arrive, petite jeunesse au t-shirt moulant, aux cheveux léchés. Il a vingt-deux, vingt-trois ans.

Et il me raconte. L'incursion des chars israéliens dans sa ville, les tirs, les soldats, les tanks, et la jeunesse de Naplouse qui se révolte. Son ami qui meurt devant lui, la tête explosée. Et lui qui entre, à dix-sept ans, dans les Brigades des martyrs d'Al-Aqsa. Il est bientôt choisi pour devenir bombe humaine.

«Pourquoi?

– Je voulais.

– Pourquoi?

– J'étais le meilleur tireur. C'était mon destin.

– … un héros, d'ajouter sa maman entre deux bouffées de narguilé.

– Oui, mais pourquoi mourir?»

Il me regarde. Est-ce que je peux comprendre?

«J'ai vu mon ami se faire exploser la tête.»

OK.

Le père, courbé et curieux, fait son entrée. Il a le regard vif. S'assoit à côté de moi, ne dira rien. Seul le bruit de son dentier qu'il remue nerveusement me rappelle constamment sa présence. Qu'est-ce qu'il en pense, lui?

Mohammed continue son histoire. Il quitte la maison pendant la nuit. Personne ne sait où il va, sauf lui et ses chefs. Il est excité. Il participe à quelque chose. Il a mis ses nouveaux souliers pour l'occasion. Il traverse la montagne d'un pas rapide, jusqu'à Jénine, où Karim l'attend. Karim a déjà sa ceinture d'explosifs collée au ventre. Mohammed se fait installer la sienne. Le plan leur est répété, pour la énième fois: Mohammed doit se faire exploser d'abord, sur les gardiens de sécurité du ministère de la Défense, et Karim doit rentrer à l'intérieur de l'édifice par la suite.

Je bois mon coke, elle fume, il replace ses dents, et Mohammed me raconte tout ça d'un ton si détaché.

Pas comme quelqu'un qui a pensé mourir, mais qui a finalement survécu. Pas comme quelque chose de grave. C'est factuel.

Gamin, il poursuit son récit l'œil allumé, heureux que ça m'intéresse, fier d'être le centre d'intérêt.

Il ne se rendra pas jusqu'à l'explosion : son épopée se termine dans une maison bombardée, deux balles dans la jambe, quatre ans de prison et de durs interrogatoires.

Pendant le récit, tenue en haleine, la mère de Mohammed a arrêté de tirer sur le narguilé au moment où la maison s'écroule sur son fils. Les volutes de fumée se sont fixées dans l'air un court instant. Mohammed aurait pu mourir. Pire : Mohammed avait choisi de mourir.

Elle tire à nouveau sur la pipe à eau lorsque son fils se retrouve enfermé en prison.

Entre-temps, les deux sœurs sont arrivées. Elles ne portent pas le hijab, sont maquillées, en jeans serré et en talons hauts.

Elles s'arrachent le narguilé et fument en taquinant le petit frère qui poursuit son histoire.

Quand je demande à la mère de Mohammed ce qu'elle pense de tout ça, elle soupire, me dit qu'elle espère ne plus jamais vivre une telle angoisse. Elle et son mari se sont rendu compte de la disparition de leur garçon durant la journée. Ils l'ont cherché partout. Les nouvelles vont vite : on leur confirme plus tard, au centre-ville, que Mohammed est à Jénine.

Pendant ce temps, pris dans l'embuscade de l'armée israélienne, Mohammed pense mourir. Tué par les soldats. Mourir pour vrai. Pas en héros. Un tout autre drame que celui de l'attaque suicide. Il a peur, pour la première fois depuis son départ. Alors, il appelle ses parents. Il leur dit qu'il les aime et qu'il aurait voulu se battre pour leur liberté. Qu'ils auraient été fiers de lui.

C'est finalement en prison qu'ils se reverront, deux fois en quatre ans.

Je me tourne vers le père, jusque-là silencieux. Et lui ?

«Rien n'a encore réussi à déloger les occupants. Ce n'est sûrement pas une bande d'adolescents qui vont réussir.»

Tranchant.

Il n'y croit pas, donc.

À Mohammed: «Et si c'était à recommencer, tu recommencerais ?»

Réponse: «Ça va pas ?»

Suivie d'éclats de rire de toute la famille.

Ouf.

Je décline l'invitation à un huitième verre de coke et m'apprête à partir.

Détour obligé par la chambre de Mohammed pour admirer ses photos de résistant, où il pose avec ses amis des Brigades, le kalachnikov au bras. Quelque chose de l'enfant, fier de me montrer son déguisement.

Dehors il fait déjà nuit. J'ai le sentiment étrange de quitter une triste fête.

Le soleil de Naplouse

On me dit souvent que j'ai une bonne étoile. Et j'y crois. Mais des fois, ça dépasse les limites du possible.

Je voyage vers Naplouse, une ville perchée dans les montagnes, réputée pour son bastion de résistance. Encore récemment, la vieille ville, toute de fins corridors de pierres et de ruelles ombragées, était occupée par l'armée israélienne, et la résistance palestinienne s'y faufilait les griffes sorties.

Facile d'entrer dans la ville, mais en sortir est une opération interminable. Une fois entré, tu y restes. Naplouse est entourée. Pas même possible de se rendre à Ramallah, par exemple, à moins de vouloir passer plusieurs heures d'attente au *checkpoint* et au risque de se voir refouler au passage. Mon hôte, que je vais bientôt rencontrer, n'a pas quitté Naplouse depuis des années et ne compte pas essayer. Elle ne supporte pas les *checkpoints*. La simple idée d'un jeune soldat lui demandant ses papiers lui donne le tournis. Elle a 70 ans et s'appelle Siham. Siham Abu Ghazaleh.

En arrivant dans l'après-midi, je suis fatiguée mais heureuse d'être enfin là. Hakim, un ami, dit que Siham est sortie et qu'elle m'attend seulement en soirée. Je décide donc de traverser la vieille ville à la recherche de fleurs. Pour Siham, qui m'accueille. Au détour d'un escalier : Marcel. C'est son nom français, m'a-t-il dit en insistant. Marcel, un vieil homme à la moustache grise, est assis au milieu de ses fleurs et s'illumine à mon entrée dans la boutique. Je lui demande un bouquet pour une dame. Il me demande son âge, pour quelle occasion, si je la connais, et me fait avec beaucoup de délicatesse un très joli bouquet. Asymétrie et couleurs : tout est finement pensé. Je lui avoue que j'en ai rarement vu de si beaux. Et il me dit de choisir les fleurs que je voudrais pour moi. Je repars avec deux énormes bouquets parfaitement dessinés, travaillés dans le moindre détail, jusqu'à madame Siham qui m'attend.

Petite dame aux grands yeux lumineux, elle m'ouvre la porte. Me conduit en trottinant vers ma chambre. Et là, je découvre la maison. Centenaire, toute de pierres. La demeure familiale, qui appartenait à son grand-père. Je n'ai pas compté les pièces. Il y en a trop. Je sais qu'il faut traverser une cuisine, puis un salon, puis un deuxième salon, qu'il y a plusieurs autres chambres sur le chemin, puis j'arrive à un autre salon et, à droite, c'est ma chambre. Grande, bleue, avec trois fenêtres. La maison est immense mais simple. Elle porte la mémoire de la famille. De vieux meubles de bois partout. Des tissus, des photos, des vieilles images kitsch. De la dentelle jusque sur les tablettes du frigo. Et des livres partout. Des bibliothèques remplies de vieux livres qui sentent bon.

Siham me montre où mettre mes affaires et où prendre ma douche.

Puis, avant même de parler un peu, la vieille dame prend les deux bouquets et les défait tranquillement. Je pense à la minutie de Marcel et j'ai de la peine. Ses deux œuvres d'art sont démolies. Mais, lentement, je comprends. Siham, un à un, sort des vases d'une armoire. Elle redispose, petite tige après petite tige, chaque fleur dans l'eau, et recrée, parfaits, de nouveaux bouquets. Une petite touche de bleu, non? Là... L'œil se plisse et détecte le vide. Un peu de jaune, entre ces deux fleurs, oui... Une fois qu'elle juge un petit bouquet terminé, elle m'indique où aller le poser dans la maison. Je me perds, tourne en rond, trouve la table de bois au milieu du second salon, reviens, et on en prépare un autre. Elle me demande mon avis, prend son temps, change d'idée, recommence, comme ça pendant une heure. On a préparé une dizaine de nouveaux bouquets, tous plus beaux les uns que les autres, disposés aux mille coins de la grande maison. Et après on a parlé. On a bu le thé, elle m'a raconté l'histoire de la maison, de la ville, m'a dit qu'elle avait été professeur d'art, et puis elle m'a fait à manger.

Des œufs frais (tu verras demain, m'a-t-elle dit), du fromage frais et des olives fraîches (tu verras demain…). J'ai bien dormi et voici ce que j'ai découvert le lendemain. Le jardin de Siham. Dehors, il y a un grand balcon. La montagne et la ville de Naplouse, à perte de vue. Tout autour : des centaines d'arbustes florissants. Des roses rouges, roses, orange, jaunes, mauves ! Des fleurs de toutes sortes, dont je ne connais pas les noms. Un amandier, un prunier en bourgeons, un pêcher, un oranger, deux citronniers, deux pommiers, un cerisier fleuri, un grenadier, un poirier. Des fruits avec lesquels Siham fait de la confiture. Le frigo est plein de petits pots. Il y a aussi une rangée d'oliviers, dont elle cueille et prépare les olives vertes et noires.

Et, juste là, avant la montagne et derrière les fleurs, vingt-cinq pigeons gras, vingt poules et quinze lapins blancs. Siham m'a montré comment les nourrir. Tout ça dans son petit jardin. Elle n'a plus beaucoup de terre, mais celle qu'il lui reste, elle est bien vivante, me dit-elle sérieuse, mais avec un clin d'œil.

On a pressé un jus d'orange frais avant de faire la tournée des animaux et Siham m'a raconté des histoires. De soldats surpris au repos dans le jardin, somnolant dans un hamac tendu entre deux de ses arbres ; de couvre-feux soudains, coinçant jadis toute sa famille des jours durant dans la maison, et alors le jardin s'embellissait d'un coup, devenant le refuge fleuri de toute une colonie. Siham nourrit ses bêtes de sa vieille main tremblante.

Elle s'est recréé un bout de paradis ici. Besoin de rien. Tout pousse dans le jardin. Elle ne se rend presque plus en ville, tapissée partout de portraits ternis de martyrs.

De temps en temps, elle va visiter ses amis, auxquels elle apporte des bouquets incroyables. Elle était fatiguée de porter l'histoire, alors elle s'est assise dedans et a fait pousser des fleurs et des œufs frais. Voilà.

Je vous le dis, en Palestine, ma bonne étoile est un soleil.

Notes de mon cours d'arabe

Teer/Tuyuut: oiseau/oiseaux
rime/ruyum: nuage/nuages
rabe: forêt
sijen: prison
Tahèt: tirer
jouni: soldats
qawèm: résistance
hajaar: pierre
shahid/suhada: martyr/martyrs
huwwe mat: il est mort
ana qararet imel ishi: j'ai décidé de faire quelque chose
ana jibet: j'ai amené
mussadas: un petit fusil
TaHuuni: ils m'ont tiré dessus
darabuni: ils m'ont frappé

---

areed : sol
dam : sang
hajez : *checkpoint*

Mon professeur a perdu son meilleur ami *(sadik)*, tué par des soldats *(jouni)*, il s'est vengé en tentant de tuer un soldat israélien. Résultat : il s'est fait battre et a purgé dix ans *(ashar sniin)* de prison *(sijen)* de laquelle il sort tout juste.

Il dit qu'il est chanceux *(maHzoon)*, parce que tous les autres purgent plus que ça.

Voilà pour le cours de la journée.

En rentrant chez Siham, j'ai mangé du pigeon farci et c'était délicieux.

À table, il y avait une amie à elle, une dame aux cheveux permanentés avec de gros seins. Elle avait un défaut de langage, certaines lettres restaient prises dans sa gorge. Je ne comprenais pas grand-chose quand elle parlait. Alors elle mimait pour moi. Elle est prof d'aérobie. J'ai eu droit à sa panoplie d'exercices (pour les fesses, pour les seins, pour le ventre, pour les cuisses), en direct, au milieu du salon! J'ai tenté de retenir mon fou rire, en vain. Son nom, c'était Muna. Comme l'héroïne dans tous mes cours d'arabe… Muna, c'est comme John dans les cours d'anglais: Muna fait ses courses, Muna à la campagne, Muna fait de l'exercice… Muna, donc, se démenait dans le salon, me faisant une démonstration minutieuse de tous ses exercices. Couchée par terre, rebondissant sur une chaise, sautant sur une jambe puis sur l'autre, commentant d'une voix aiguë tous les mouvements exécutés, comme si une foule invisible s'activait derrière elle.

Madame Siham et moi, confortablement assises sur le divan, avons calmement regardé tout le spectacle, en sirotant du lait frais pendant que le soir enveloppait les montagnes de Naplouse.

Fulla

À la télévision, je regarde Fulla. C'est le nom de la Barbie d'Arabie Saoudite, qui chante sous son voile en cuisinant, marche derrière son mari et prend le thé avec ses amies en ne riant pas trop fort.

Le souper d'hier soir

Je mange tout le temps. Tout le monde m'invite, à n'importe quelle heure de la journée, et je dis oui.

En rentrant chez Siham, je n'ai pas faim, évidemment. Elle, drôle de petite femme, soupe vers 23 heures. Je ne peux quand même pas la laisser souper toute seule, c'est triste.

Je mange donc avec elle, encore. Hier, j'ai osé lui dire que je n'avais pas trop faim. Soit, on va faire ça tout simple. Elle venait de se procurer ses vingt kilos de fromage frais, du village d'à côté. C'est la saison, m'explique-t-elle : l'herbe est fraîche, les brebis gourmandes, le fromage est à son meilleur. Elle le fait tremper dans l'eau pour enlever un peu le sel. Le fromage si frais goûte presque encore la montagne. Le livreur de lait est aussi passé. On s'en fait chauffer deux grands bols qu'on mélange avec du miel et de la cardamome (c'est mon petit ajout, qu'elle adopte). Tout vient de la terre autour.

C'est bon.

En mangeant cet ixième repas, je comprends encore un peu mieux pourquoi ils l'aiment tant, cette terre.

Siham sort les albums de photos. Une pile. Il est minuit. On passe à travers les générations dans la même maison, les mariages, Siham enfant, ses années d'université, Siham en minijupe. Une vie normale.

Derrière, il y a le souffle de plusieurs guerres. Mais en filigrane seulement. La guerre n'est pas sur les photos. Par choix.

Siham m'en raconte des bribes. Comme ces cinq années passées à cohabiter avec l'armée israélienne, qui avait fait sienne une partie de la demeure familiale. Refusant d'abandonner sa maison, madame Siham a continué sa vie. Mine de rien. Un soldat dans

son bain, un autre devant sa télévision : soit.
Elle ne partirait pas. Ils en sont venus à mieux
se connaître, à partager certains repas, mais
elle ne les a jamais aimés. Même si elle tolé-
rait le plus jeune. Il était beau et il arrosait ses
plantes. Il était doté d'un peu plus de civisme,
me dit-elle, avant de prendre une gorgée de
lait chaud. Si on décernait des prix aux arti-
sans de la vie, j'en donnerais un à Siham. Que
ça explose, que ça pleure ou que ça crie, tant
pis : la vie, elle se la fabrique jolie.

Petit inventaire culinaire

RUS

Pendant trois jours, Siham a préparé son «rus». Réservé pour les grandes occasions, ce plat festif consiste à disposer sur plusieurs étages différentes parties du mouton. Un genre de pâté chinois chic. On fait donc bouillir les têtes de moutons, en attente patiente depuis plusieurs jours dans la cuisine. Leur cervelle est l'élément central du plat. C'est elle qui occupe le plus d'étages dans le pâté. Viennent ensuite les boyaux, méticuleusement nettoyés par madame Siham, qu'on va coudre en petits coussins une fois fourrés de riz à la cannelle, en regardant Al Jazeera. J'ai pris un peu de métier lors de mes précédents séjours, mais pour moi qui ai du mal à coudre un bouton, la fabrication de coussins d'intestins de mouton relève de l'exploit. Heureusement que le présentateur d'Al Jazeera a beaucoup de choses à raconter et que nous avons tout notre temps. Une fois cousus, les petits coussins vont passer deux heures à la cocotte-minute. Puis attendre, à côté des têtes vidées mais toujours souriantes, jusqu'au festin.

Le grand jour arrive, les invités bien habillés aussi, les bras pleins de bouquets pour Siham qui les disposera au milieu du jardin. On est en famille. Les dames se «déhijabisent», me saluent: «*Marhaba Nana, keef alik Nana…*» Tout le monde m'appelle poliment Nana, c'est ainsi que me présente Siham, car Anaïs, c'est trop compliqué.

On passe à table. Il y a plusieurs plats: deux de rus (plusieurs étages de cervelle, un de pain grillé, un de labneh, deux de riz, couronnés de persil et de pignons de pin), un bol rempli de ce qu'il reste de cervelle (pour les gourmands), un gros bol de salade du jardin, un autre avec les petits coussins farcis, dont on enlève les fils un à un. Tout le monde est ravi. Bien entendu, je ne dis à personne que je suis végétarienne, ça gâcherait le plaisir de tous, moi la première.

Je mange.

C'est… intéressant.

On rigole à table quand je dis en arabe que je ne mange pas souvent de «mémoire» de mouton.

Tatle iburda'an

Grimpée sur une échelle, j'ai cueilli les clémentines mûres dans l'arbre au fond du jardin. J'ai rempli deux gros paniers.

Avec Siham, assises dans le jour qui tombe, on en a râpé l'écorce en silence. Un moment de bonheur dans l'odeur forte d'agrume, devant la ville de Naplouse qui lentement s'illumine sur la montagne. Puis s'élève la prière du soir, couchée en échos sur les collines. Le coq chante. Siham sourit : il peut bien être mélangé. Qui ne le serait pas.

Les clémentines sont actuellement sur le feu. Demain, on en goûtera la confiture.

Le vin

J'ai une soirée d'adieu demain soir, chez des amis. Ils ne sont pas trop religieux et, lors de soirées festives, se permettent une bouteille de vin. Mais trouver de l'alcool à Naplouse relève du miracle. Comme on est dans un endroit propice au miracle, Faysal part en quête du nectar palestinien. Il existe en effet quelques vignes… chez les Samaritains.

Les Samaritains sont une des plus petites populations du monde : on n'en dénombre à ce jour plus que huit cents. Ils sont aussi un des peuples les plus anciens du monde dotés d'une histoire écrite. Leur religion est basée sur le Pentateuque, comme le judaïsme. Ils sont donc apparentés aux juifs sans être juifs, tout comme ils vivent en Cisjordanie sans être Palestiniens, bien qu'ils parlent arabe. Voilà pour leur identité complexe. Le bon Samaritain, c'est un des leurs. Sans doute celui qui a les vignes, d'ailleurs ! Les Palestiniens qui ont envie de briser les règles (boire de l'alcool est bien entendu *haram* : interdit par la religion) peuvent donc se rendre chez les Samaritains. C'est ce que Faysal a fait pour me procurer deux bouteilles de vin «mis en bouteille en Palestine». Il a dû braver deux *checkpoints*. Le soldat était de mauvaise humeur, m'a-t-il dit. Il ne voulait pas le laisser passer. Mais il y a des jours heureux : c'était l'anniversaire de Faysal. Il a montré sa carte d'identité au soldat, qui a eu un élan de sympathie et a laissé filer notre messager jusqu'au village. Là, dans une petite maison de pierres, est vendu le vin samaritain, pâle et plutôt discret en bouche. Son vrai mérite est d'exister dans ce pays. Les Samaritains, qui ont tous un étrange air de ressemblance, savent différencier les touristes curieux (*«You want to see the Good Samaritan ? It's me !»)* des Palestiniens délinquants en quête d'une bonne soirée.

Mais les uns comme les autres reviennent de là comme on reviendrait d'un pays inventé, figé en dehors du temps.

Faysal est arrivé en milieu de soirée avec deux bouteilles du précieux nectar, que la rareté hisse au rang des plus grands crus. Chaque gorgée en a été savourée.

Les murs ne dorment pas

À Pâques, une des lapines de Siham a mis au monde sept petits lapins roses, que j'ai découverts au matin. Au milieu des histoires de martyrs, de prisonniers, de kamikazes et de colonies, ils ont fait ma journée. Ma semaine, même, si j'en comptais un par jour.

Mais ce matin, la maman lapine les avait tous tués.

Et vlan. Jusque dans le jardin de Siham, on est en Palestine quand même.

Aujourd'hui, je vais à Qalquilya, une petite ville cernée par le Mur. Oui, il y a un mur tout autour de Qalquilya, et même une porte, pour sortir de la ville (quand c'est permis).

Faysal m'accompagne. C'est à une demi-heure d'ici, mais ça fait cinq ans qu'il n'y a pas mis les pieds. C'est comme ça, les *checkpoints,* ça décourage.

Devant le *checkpoint,* sur un ton de guide averti, Faysal commente : environ trois heures et demie d'attente, plusieurs chars israéliens, dont un spécialisé dans la neutralisation des bombes.

Les enfants en charrettes, tirées par des ânes, se faufilent au milieu des taxis jaunes et des soldats, en rigolant.

Ainsi soit-il. *Inch'Allah,* comme on dit ici.

À Qalquilya, deux hommes nous présentent le Mur sous quelques-unes de ses coutures. À peine le temps de toucher son ombre que surgit un char israélien, qui surveille. Retour précipité à la voiture : on peut s'approcher mais pas longtemps, me précise-t-on. C'est noté.

On finit par boire un, deux, sept thés à la sauge dans les vestiges de la maison d'un des deux hommes, en bordure du Mur. Vidée et en partie démolie lors de la construction de celui-ci, la maison est devenue un refuge pour les animaux, une petite ferme civilisée, où il reste encore des cadres sur les murs et des divans de vieux velours. Des restes d'un pique-nique traînent sur une table basse, un jeu de cartes éparpillé, un vieux paquet de cigarettes, au milieu des poules et des chiens endormis.

Le thé chauffe sur le feu de bois, alimenté par les gamins. De ceux qui vivent collés contre le Mur, ça se voit. De ceux qu'on distingue dans une foule et qu'on a envie d'aimer, parce qu'on sait qu'ils sont durs à aimer. Ils ont le regard adulte insolent, le menton vers le haut, petits gavroches à keffieh. Je les aime, ces gamins-là. Ils ne me regardent pas, se glissent des commentaires à l'oreille et ricanent dès que je leur souris. Le ventre à l'air et les genoux écorchés, une cicatrice sous l'œil ou sur le menton.

Ils sont sept, ils gardent les moutons au pied du Mur.

Je vais promener les bêtes avec eux et ça fait rire les hommes. Quand je reviens boire un, deux, trois, sept cafés arabes, un des petits va me chercher la photo de son père. *Shahid.* Martyr.

«*Keef mayeet?* Comment il est mort?
– *Suicide attack.*» À Tel-Aviv.

Il en a tué sept.

Les gamins ne savent pas trop si c'était dans un magasin ou dans la rue, s'obstinent un temps, s'entendent finalement sur l'arrêt d'autobus.

Et à l'ombre du Mur, retournent à leurs moutons.

Nous, on retourne à Naplouse. Le chemin est parsemé de colonies. Des maisons parfaites, à l'européenne, posées au milieu du désert. Petits villages inventés au-dessus des montagnes.

Faysal m'emmène chez un ami, dans la vieille ville. Nœud de petites rues toutes habillées de multiples photos de martyrs, posant la mitraillette à la main. On reboit sept thés et sept cafés en compagnie de Fatima, une drôle de dame, l'œil bleu scintillant. Je remarque que la résistance, souvent, s'inscrit dans le regard.

Sur les murs de Fatima, des photos d'hommes. Ses trois fils et son mari. Tous en prison. Presque. L'un d'eux, Hussein, vient juste d'en sortir. Il est là. On parle longtemps. Elle raconte les journées passées dans l'autobus pour aller voir ses hommes. L'attente sous le soleil de plomb avant de pouvoir enfin les entendre, ou au moins les voir, au milieu de toutes les autres voix, de toutes les autres mères, de toutes les autres amoureuses. Et le retour des femmes seules, escortées par la police.

Fatima, les mains dans un poulet, a mis son fin tablier fleuri et enchaîne les histoires. Sa maison, marquée par les impacts de balles, a été occupée pendant la plus récente invasion.

Si j'inventais cette femme-là, si j'avais à la dessiner, elle serait grise et pesante. Mais la femme devant moi pourrait se lever et danser, rire et chanter. Elle et ses hommes sont vivants et rien ne pourra changer ça. Tout repose dans le coin de son œil, pour qu'on ne le sache pas trop. La victoire reste cachée dans le fond de son œil mutin de résistante.

D'une certaine façon, elle les aura eus.

Hussein fume et discute de l'avenir. Faysal et lui argumentent, réinventent le pays : « Les deux États : impossible. Un seul État, démocratique. Exemple, l'Afrique du Sud. Tout n'est pas réglé, mais qui aurait cru que c'était possible ? Qui ? »

C'est bon à entendre. Hussein est cultivé. Tous les hommes qui sortent de prison sont cultivés. Parlent anglais, hébreu. Ont lu des livres, plusieurs livres.

Il m'invite à boire un verre de *« good Palestinian wine »,* essence rarissime des Samaritains. Une autre fois : il est 22 heures. On est dans la vieille ville. Il faut rentrer chez nous.

On traverse les ruelles étroites. Des chats, quelques ombres, quelques gamins. Des hommes ferment boutique, le keffieh sur la tête, façon Arafat. S'enchaînent les visages disparus. Ces jeunes hommes, ces jeunes femmes, ces enfants, le regard figé sur les murs. L'un tué au *checkpoint,* l'autre derrière sa fenêtre en tirant le rideau pour se parer du soleil, l'autre encore sous les décombres de sa maison détruite. L'un bombe humaine, l'autre presque.

Les murs ne dorment pas.

La nuit s'installe et plus personne n'erre dans les rues. Sur les montagnes de Naplouse brillent les néons verts des cent minarets pointant vers le ciel.

Le dernier appel à la prière, celui du soir, est le plus doux. Il pose un baume solennel sur la ville, et je m'endors dedans.

Quand on revient à Montréal, on a la Palestine collée à soi, comme un manteau. Je me rappelle être rentrée chez moi au cœur de l'été et avoir retrouvé tous ces corps déshabillés. J'ai mis plusieurs mois à pouvoir offrir ma peau au soleil à nouveau.

Le vent sur le visage quand je roule à vélo, les regards qui se touchent sur Saint-Denis, les rires des filles qui explosent sans retenue, les horizons possibles aux quatre coins cardinaux. La liberté. Je n'ai rien compris de ce pays-là, sauf elle. La liberté. Sa nécessité. Mon corps souffle quand je rentre chez moi, et j'ai envie de parler d'elle à tout le monde : la liberté. Si vous la voyez, embrassez-la.

Le téléphone sonne. C'est Faysal. Il est en prison. Employé d'une ONG palestinienne qui s'intéresse aux droits de l'homme, il s'est fait arrêter. Il a purgé neuf mois, en a pour un an encore. Sa voix est douce. Quand je lui annonce que j'ai mis un enfant au monde, il rit. Du fond de sa prison, en Israël, Faysal a le rire clair. «Il fera ses premiers pas en Palestine!»

Oui. Inch'Allah.

Table

Achevé d'imprimer sur les presses
de Transcontinental Métrolitho
à Sherbrooke, Québec, Canada.
Premier trimestre 2011